Fiche **philosophe**

Par Eric Fourcassier

Berkeley

LePetitPhilosophe.fr

BERKELEY

PHILOSOPHE ET ÉVÊQUE IRLANDAIS, FONDATEUR DE L'IMMATÉRIALISME

- **Né en 1685 dans le comté de Kilkenny**
- **Décédé en 1753 à Oxford**
- **Quelques-unes de ses œuvres :**
  - *Essai sur une nouvelle théorie de la vision* (1709)
  - *Traité sur les principes de la connaissance humaine* (1710)
  - *Trois dialogues entre Hylas et Philonous* (1713)

Le philosophe et évêque irlandais George Berkeley est l'auteur d'une **œuvre originale et polémique** résolument ancrée dans les controverses intellectuelles de son temps. Jugé excentrique par ses contemporains qui découvrent ses premiers ouvrages à partir de 1709, Berkeley se fait alors davantage connaitre comme **champion de la religion contre le matérialisme des « petits philosophes » athées** qui se donnent pour « libres-penseurs » que comme philosophe accompli. Pourtant, en 1713, Berkeley publie son ouvrage le plus abouti sur le plan philosophique et littéraire : *les Trois dialogues entre Hylas et Philonous*.

Mais son esprit intrépide ne se borne pas à l'écriture et aux débats de l'esprit : en 1728, le philosophe entreprend un **voyage en Amérique** avec l'espoir d'y fonder un établissement d'enseignement conforme à son idéal. Il estime en effet que celui-ci est irréalisable dans une Angleterre où triomphe inexorablement l'athéisme. Malheureusement, l'aventure tourne court. À son retour, il est **ordonné évêque** et, à partir de 1735, il se consacre essentiellement à l'Église et au **secours des plus humbles** dans le sud de l'Irlande.

- 2 -

BIOGRAPHIE

L'INTELLIGENCE ET LE GOUT DE LA CRITIQUE

George Berkeley **nait en 1685 en Irlande**, dans une **famille protestante aisée** d'origine anglaise. Les **excellentes dispositions intellectuelles** du jeune homme lui valent rapidement l'estime de ses maitres et lui ouvrent, à l'âge de quinze ans, les portes du **Trinity College de Dublin**, prestigieux établissement d'enseignement supérieur. Il est **diplômé en 1707**, et on ne tarde pas à lui confier diverses charges d'enseignement, du grec classique à l'hébreu en passant par la théologie.

BON À SAVOIR

Apparu au XVIe siècle sous l'impulsion de plusieurs théologiens réformateurs, **le protestantisme** se caractérise par sa vive critique des abus perpétrés par l'Église catholique, notamment en ce qui concerne le commerce des indulgences (rémission totale ou partielle des peines temporelles pour les péchés pardonnés). Martin Luther (1483 1546), principal artisan de la Réforme, fixe les dogmes principaux qui unissent toutes les Églises protestantes : la seule autorité en matière religieuse est la Bible (et non le pape) et la foi personnelle (supérieure à l'exercice du culte). Parmi les chrétiens, le protestant se distingue donc par sa croyance en un accès direct et personnel à Dieu, reléguant au second plan les institutions ecclésiales.

Mais Berkeley a le gout de la controverse et **se passionne pour les débats philosophiques** qui agitent la communauté intellectuelle de son temps. Il décide alors de fonder un club philosophique où il se plait à discuter, en compagnie d'amis, les thèses de « la nouvelle philosophie » de John Locke (1632-1704). L'esprit vif et volontiers critique du jeune homme s'affirme, et Berkeley se juge bientôt en mesure de résoudre les problèmes posés par la philosophie du penseur anglais.

UN CONTEMPTEUR ÉLOQUENT DE L'ATHÉISME

Toutefois, la solide **foi protestante** qu'il a toujours conservée l'incite à embrasser une carrière ecclésiastique. Ordonné **diacre en 1709**, Berkeley publie coup sur coup ses deux premiers ouvrages : l'***Essai sur une nouvelle théorie de la vision*** et, l'année suivante, son ***Traité des principes de la connaissance humaine***. L'accueil qui lui est réservé ne lui vaut cependant pas la réputation qu'il espérait : **on le juge excentrique**.

Berkeley ne s'avoue toutefois pas vaincu et décide de réécrire son *Traité* sous la forme plus vivante d'un dialogue. L'ouvrage qui voit ainsi le jour en **1713** sous le titre ***Trois dialogues entre Hylas et Philonous*** est assurément son chef-d'œuvre philosophique. Le philosophe se fait alors connaitre comme un **ardent défenseur de la religion contre les libres-penseurs**. Il leur reproche leur arrogante et fautive confiance dans la raison abstraite, leur matérialisme inconséquent et leur athéisme aveugle.

À partir de 1713, Berkeley **voyage énormément et multiplie les fréquentations illustres**. À Londres, il rencontre l'écrivain Jonathan Swift (1667-1745), qui l'introduit dans son cercle littéraire, et fréquente la Cour royale d'Angleterre. Puis il parcourt l'Europe, passe par Paris et visite l'Italie.

UN PHILOSOPHE ET UN ÉVÊQUE ENGAGÉ

En **1728**, convaincu de la décadence des mœurs euro-péennes, Berkeley place ses espoirs dans le Nouveau Monde. Il traverse alors l'Atlantique et **rejoint l'Amérique** avec la ferme intention d'y **fonder un collège** et d'y consacrer sa vie. C'est à cette période qu'il écrit l'***Alciphron ou Le petit philosophe***, un pamphlet contre les libres-penseurs d'une qualité littéraire remarquable qui sera publié en 1732. Malheureusement, les subventions espérées ne lui sont jamais allouées et, après trois ans passés en Amérique, Berkeley se décide à **rentrer à Londres en 1731**. Cependant, l'influence intellectuelle qu'il a exercée au sein du milieu universitaire américain est considérable et lui vaudra l'honneur d'offrir son nom à un établissement supérieur qui deviendra célèbre : la Berkeley University.

En **1734**, la reine le nomme **évêque de Cloyne**, une province du sud de l'Irlande. Berkeley se révèle être un pasteur très impliqué. Face à la misère des paysans qu'il rencontre, il adjoint au secours de la foi ses talents de médecin. On lui prête même l'invention d'un remède qui connut une certaine vogue dans toute l'Europe. Enfin, épuisé par dix-huit années au service de l'Église, il se voit octroyer par le roi une **retraite à Oxford** où il s'éteint en 1753.

L'esprit original de ce penseur aussi critique qu'audacieux, voire extravagant, n'a cessé de surprendre ses successeurs. Sa dénonciation des méfaits du langage sur la pensée et sa défense du sensible ont exercé une influence particulière sur Maine de Biran (1766-1824), Henri Bergson (1859-1941) ou encore Maurice Merleau-Ponty (1908-1961).

CONTEXTE PHILOSOPHIQUE

La vie et l'œuvre de George Berkeley accompagnent les débuts du XVIIIe siècle et épousent à leur manière les grandes mutations qui annoncent l'esprit des Lumières.

L'AVÈNEMENT DE LA RAISON CONTRE L'AUTORITÉ DE LA FOI

L'effondrement de l'autorité traditionnelle

Entre 1680 et 1715, l'Europe traverse une crise culturelle majeure qui renverse les fondements sur lesquels s'était construite, au fil des siècles, son identité aussi bien intellectuelle que morale et politique. De tous côtés, **l'autorité traditionnelle chancèle** et l'ordre qui consacre la toute-puissance de la foi sur les affaires humaines menace de s'effondrer. Des philosophes et des savants, qu'on nomme bientôt « libres-penseurs », prennent d'assaut le vieil édifice de la culture européenne et se livrent à un renversement complet de ses valeurs au nom de la raison universelle.

René Descartes (1596-1650) est **le principal artisan de cette rupture** :

- d'une part, il proclame que la raison est égale en chaque homme, s'opposant ainsi à l'idée d'inégalité intellectuelle des individus qui prévalait jusqu'alors ;
- d'autre part, il affirme que ce n'est pas l'instrument de la connaissance qui est en lui-même défectueux, mais l'usage que nous en faisons.

Autrement dit, **tout homme possède la raison, mais encore faut-il qu'il en fasse bon usage**. Pour cela, il s'agit de **prendre pour modèle les mathématiques**.

L'avènement d'une science nouvelle

Toutefois, **les mathématiques** sont bien plus qu'un exemple de rigueur pour l'exercice de la raison : ils sont **l'étoffe même du réel**. « Le grand livre de la nature est écrit en langue mathématique », déclare ainsi **Galilée** (1564-1642). L'étude de la chute des corps entreprise sur ces nouvelles bases lui permet de formuler le principe d'inertie qui fonde la mécanique classique et disqualifie la physique héritée d'Aristote (384-322 av. J.-C.). Le géocentrisme (théorie selon laquelle la Terre, du grec *gè*, est le centre de l'univers) qui garantissait jusque-là l'unité de la science et de la religion (selon laquelle la Terre est au centre de la Création) est réfuté, et **deux grands systèmes du monde s'affrontent** :

- **l'ancienne physique** défendant l'idée d'un **univers clos** dont la Terre constitue le centre (le Cosmos chez Aristote ou la Création chez les chrétiens) ;
- **la science nouvelle** ouvrant la perspective d'un **univers infini** dans lequel l'homme ne semble plus occuper de position privilégiée.

Suite à ces remises en question, une nouvelle philosophie ne tarde pas à se répandre, consacrant la toute-puissance de la raison et de la liberté humaine, et favorisant l'essor de l'esprit critique.

L'athéisme des libres-penseurs

On assiste alors à un **essor sans précédent des sciences**. Isaac **Newton** (1642-1727), à l'origine de la loi de la gravitation universelle qui permet d'expliquer le mouvement des astres autour du Soleil et la pesanteur des corps terrestres, est une grande **source d'inspiration et d'enthousiasme**. Nombre de penseurs voient en lui le premier esprit à avoir su opposer, à une vision théologique et religieuse de l'ordre du monde, la **formule purement rationnelle d'un ordre nouveau** : celui d'un univers reposant sur les lois universelles de la gravitation.

Le **matérialisme** qui s'exprime dans cette nouvelle vision du monde et la **rationalisation de la réalité sensible** qui s'y affirme **encouragent alors l'athéisme** des philosophes. La science, fondée à la fois sur la raison et l'expérience, fait tomber la foi religieuse dans la disgrâce. On ne craint plus dès lors d'opposer les lumières de la raison humaine à l'obscurantisme de la foi en Dieu.

LA CONTROVERSE DU RATIONALISME ET DE L'EMPIRISME

Cependant, les philosophes ne tardent pas à comprendre qu'entre l'héritage rationaliste de Descartes et la voie de l'expérience explorée par Newton à la suite de Locke, une **contradiction** s'élève :

- d'un côté, les **rationalistes**, qui estiment que les sens sont trompeurs, préfèrent s'en remettre à **la raison pour connaitre la nature abstraite et mathématique du réel** ;
- de l'autre, les **empiristes** (du grec *empeiria*, qui signifie « expérience »), en s'efforçant de montrer l'origine sensible de nos idées des plus ordinaires aux plus abstraites, tentent de **rétablir la sensibilité dans ses droits**.

BON À SAVOIR

En un sens général, **le rationalisme** désigne toute doctrine affirmant le primat de la raison sur nos autres facultés (sensibilité, imagination, désir, etc.). En un sens plus étroit, on parle de rationalisme pour qualifier les philosophies qui, de Descartes à Hegel (1770-1831), s'appuient sur la raison pour s'opposer, à des degrés divers, au scepticisme, à l'empirisme ou au mysticisme (la foi) et proclamer le caractère rationnel de la réalité.

On parle d'**empirisme** pour qualifier les doctrines pour lesquelles l'expérience sensible constitue à la fois notre unique accès au réel, l'origine de nos idées et le critère de toute vérité. Fondée par John Locke et poursuivie au XVIIIᵉ siècle par David Hume (1711-1776), l'affirmation centrale de l'empirisme réhabilite la pensée d'Aristote, par la formule : « Il n'est rien dans l'entendement qui n'ait d'abord été dans les sens. » L'expérience est l'unique source de nos idées, ce qui signifie que la raison est vide et stérile sans la sensibilité qui seule lui fournit à travers l'expérience l'occasion de s'exercer.

C'est dans cette atmosphère que la pensée de **Berkeley** s'élabore et parvient finalement à occuper une **position originale**. Contre les rationalistes et leurs abstractions, Berkeley oppose le primat de l'expérience sensible. Mais ses conclusions sont toutefois radicalement opposées à celles des empiristes :

- tandis que bon nombre d'entre eux s'appuient sur l'autorité de l'expérience sensible pour rejeter l'idée d'un Dieu immatériel (étant donné qu'on ne peut appréhender Dieu par les sens, cela signifie qu'il n'existe pas),
- Berkeley entend montrer qu'**un empirisme bien compris ne débouche ni sur l'affirmation de l'existence de la matière, ni sur l'affirmation de l'inexistence de Dieu**. L'originalité de Berkeley est d'opposer l'empirisme à ce

que la plupart des philosophes jugent être sa conséquence nécessaire : le matérialisme (la matière est la seule réalité existante). Selon Berkeley, **un examen approfondi de la perception empirique nous conduit, à l'inverse, à la thèse de l'immatérialité du réel** (immatérialisme).

De manière très surprenante, Berkeley partage l'intuition des philosophes des Lumières mais, à mesure qu'il l'approfondit, il en tire des conclusions radicalement opposées aux leurs :

- au matérialisme il oppose une doctrine immatérialiste du réel ;
- à l'athéisme il oppose la nécessaire existence de Dieu, dans une thèse qui n'est pas sans rappeler celle de Nicolas Malebranche (1638-1715).

PENSÉE ET APPORT

La philosophie de Berkeley est une tentative visant à rabattre les prétentions du rationalisme des cartésiens qui nourrit le matérialisme des athées et des libres-penseurs, afin **de restaurer la confiance de l'homme dans le sensible et le rétablir dans la foi**. Le philosophe élabore ainsi une métaphysique audacieuse : l'immatérialisme, qui nie l'existence de la matière.

En dépit de sa forte originalité, souvent jugée extravagante par ses adversaires, la pensée de Berkeley frappe pourtant par sa rigueur et son adéquation avec les préoccupations majeures de son époque. En effet, celle-ci est de plus en plus curieuse vis-à-vis du sensible et critique à l'égard d'une raison trop abstraite.

DÉLIER « LE VOILE DES MOTS »

Écarter les mots vides de sens

Délaissant le sensible, **les cartésiens ont placé toute leur confiance dans la raison**. Mais ils n'ont pas pris garde que la raison est toujours une construction verbale. À ce titre, les philosophes rationalistes courent le **danger de prendre les mots pour les choses** elles-mêmes. Prisonniers du « voile des mots » qu'ils ont eux-mêmes tissés, ils confondent en effet souvent leurs discours avec la réalité et ne s'aperçoivent pas qu'ils ne pensent rien (citation 1).

Or, comme le remarque Berkeley, les mots ne comportent pas moins d'illusions que le sensible. Une bonne philosophie se doit donc, d'abord et essentiellement, de **prévenir les abus de langage** qui induisent notre jugement en erreur. Berkeley se propose d'ouvrir la voie de cette nouvelle philosophie : « Je restreindrai mes pensées à mes propres idées dépouillées des mots », déclare-t-il dans son *Traité sur les principes de la connaissance humaine* (*Œuvres*, Paris, PUF, p. 315).

Penser, c'est en effet tout autre chose qu'articuler habilement des mots entre eux :

- **certaines de nos pensées se passent de mots**, lorsque nous sommes en contact direct avec le réel, par la sensibilité notamment ;
- **certains mots ne renferment aucune pensée** et sont vides de sens.

Par quelle méprise les philosophes rationalistes se laissent-ils abuser par les mots et perdent-ils le sens de la réalité ?

Une critique des idées abstraites

Pour justifier sa thèse, Berkeley s'en prend à l'illusion, à ses yeux, la plus tenace et la plus fâcheuse des philosophes : la croyance en l'existence d'idées abstraites.

Berkeley consacre à cette question toute l'introduction de son *Traité sur les principes de la connaissance humaine* et prend pour cible principale la philosophie de **Locke** : celui-ci **croit en l'existence d'un pouvoir d'abstraction propre à l'esprit humain** et le tient en haute estime. Selon le philosophe anglais, chacun peut, par exemple, penser à la couleur rouge d'une manière générale, indépendamment de la forme ou de la texture particulière des objets où cette couleur lui est d'abord apparue. C'est là ce qu'il appelle l'abstraction : l'idée du rouge est extraite de divers objets concrets, en évacuant toutes les qualités particulières qui s'y trouvent.

Selon **Berkeley**, les mots généraux dont nous nous servons ne peuvent renfermer des idées abstraites dans la mesure où nous ne sommes pas capables de les concevoir. Peut-on se représenter un homme qui ne serait ni grand, ni petit, ni brun, ni chauve et, en somme, totalement dépourvu de qualités concrètes ? Que resterait-il de l'idée d'une chose une fois ôtés un à un tous les caractères particuliers qu'on y rencontre dans l'expérience ? Manifestement rien. Contrairement à ce qu'imaginent de nombreux philosophes, l'abstraction ne permet pas de dégager un noyau de signification purement intellectuel. Car **l'abstraction vide nos idées au point que nous ne pensons en définitive plus rien**. Dès lors, les prétendues idées abstraites ne sont que des mots vides.

La formation des idées générales

S'il n'existe aucune idée abstraite, les idées générales en revanche sont bien réelles. À la vérité, **tous les mots que nous employons renferment des idées générales**. Les mots « table » ou « triangle » ne s'appliquent pas à une table ou à un triangle en particulier, mais à l'infinie variété des tables et des triangles que nous pouvons rencontrer. La signification de ces mots est donc bien générale. Mais les philosophes ont mal compris l'idée générale et ont cru nécessaire, pour l'expliquer, d'imaginer un mystérieux pouvoir d'abstraction.

Comment alors, sans abstraction, pouvons-nous former des idées générales ? Selon Berkeley, cette opération est en réalité fort simple :

- **il suffit, pour former une idée générale, de concentrer notre attention sur certains caractères particuliers d'une chose, à l'exclusion de tous les autres**. C'est ainsi qu'en ne retenant, dans une table, que l'idée bien concrète d'une surface soutenue par des pieds, sans nous préoccuper de leur longueur ou de leur nombre, nous formons l'idée de la table en général. L'idée générale n'a donc rien d'abstrait : elle renferme simplement des caractères qui lui permettent de s'appliquer à plusieurs autres choses particulières (<u>citation 2</u>) ;
- **il en va de même pour les idées qui paraissent les plus abstraites, comme celles des mathématiques**. Nous pouvons sans difficulté concevoir, dans un triangle, l'intersection de trois lignes, sans nous préoccuper de leur largeur, ce qui ne signifie pourtant pas que nous concevons une ligne sans largeur, car cette pensée serait évidemment incompréhensible. Notre idée est générale, mais elle n'a rien d'abstrait.

L'idée générale est donc le produit d'**un effort d'attention qui sélectionne** dans une chose le trait concret partagé par plusieurs autres choses : trois lignes sécantes pour un triangle, un plan soutenu par des pieds pour une table. Ces définitions n'ont rien d'abstrait et, cependant, elles sont bel et bien générales.

En voilà assez, selon Berkeley, pour dénoncer l'idolâtrie des matérialistes et des mathématiciens qui croient pouvoir prendre au sérieux leurs « idées générales abstraites » de « nombre » ou de « matière ». Une matière sans forme ni texture, ni couleur, ni poids ou encore un nombre qui ne dénombre rien de particulier (une table, deux chaises, etc.) ne sont pas concevables.

LE PRIMAT DU SENSIBLE

Réhabiliter le sensible

En dénonçant les méfaits du langage, Berkeley renverse la position des cartésiens : pour éviter les pièges de l'abstraction vide, il convient de **réhabiliter le sensible qui seul donne de la matière à nos pensées et du sens à nos idées**.

Berkeley attend **deux conséquences** de ce retour au concret :

- **des sciences mieux assurées**. Les modernes ont, avec Descartes, encombré les sciences d'idées abstraites sans réalité ni signification. Pour s'en prémunir, les physiciens doivent renoncer aux idées obscures de « force », d'« attraction » ou encore de « gravité », qui n'indiquent rien de tangible, et se contenter de formuler les lois du mouvement, sans rien préjuger de leur cause. Les mathématiciens eux-mêmes doivent admettre que les nombres, les points, les lignes ou les plans qu'ils étudient ne représentent pas des idées coupées de la réalité sensible, mais correspondent à des objets que l'on perçoit (citation 3) ;

- **la religion défendue contre l'athéisme des libertins**. Tandis que la croyance dans les idées abstraites nous éloigne du réel et entretient l'illusion d'une raison toute-puissante capable de se passer de Dieu, Berkeley est convaincu qu'une confiance retrouvée dans le sensible nous rapproche de la réalité et nous ramène à Dieu.

Mais il faut d'abord comprendre ce qu'est le sensible vers lequel Berkeley recommande de revenir.

Qu'est-ce que le sensible ?

C'est l'étude de l'optique qui fournit à Berkeley le moyen de repenser la valeur du sensible. Son *Essai sur une nouvelle théorie de la vision* examine « la façon dont nous percevons par la vue la distance, la grandeur et la situation des ob-jets », et s'oppose à la théorie des physiciens :

- **selon les physiciens**, les couleurs que nous percevons sont les effets purement subjectifs que les objets expo-sés à la lumière produisent sur notre sens visuel. Toute une géométrie de rayons lumineux explique l'image qui se forme en nous. Nous percevons un effet visuel, mais nous ne percevons pas sa cause physique ; nous devons donc la concevoir. Dès lors, **ce que nous percevons (le sensible) n'est pas la réalité objective des choses**. Voir n'est pas savoir. Le réel est plus et autre chose que ce que nous percevons ;
- **cette mise à l'écart du sensible est inadmissible aux yeux de Berkeley, car elle repose une fois de plus sur l'illusion des idées abstraites**. La physique nous force en effet d'admettre derrière nos perceptions des réalités

et des mécanismes qui les causent, mais que nous ne percevons pas en tant que tels. Nul ne perçoit aucun rayon lumineux, mais seulement l'image qu'il produit en nous. Existent donc, pour le physicien, d'un côté ce que nous percevons subjectivement et, de l'autre, ce que nous concevons objectivement. Mais n'avons-nous pas admis qu'**une idée coupée du sensible est vide de sens** et ne vaut rien ? Ainsi, selon Berkeley, **la perception sensible nous met au contact direct de la réalité dans son ensemble**. Aucune réalité n'existe « derrière » les apparences. La réalité n'est rien d'autre que ce qu'on perçoit concrètement.

Le problème de Molyneux

Cette nouvelle théorie de la vision et de la sensibilité en général donne lieu à une réponse originale au fameux problème de William Molyneux (1656-1698), qui passionna tout le XVIIIe siècle. **Supposons un aveugle de naissance ayant appris à reconnaitre un cube au toucher. Saurait-il reconnaitre ce cube par la seule vue si celle-ci lui était soudainement rendue ?** Sur cette question apparemment anodine, deux conceptions de la sensibilité s'opposent :

- **la réponse des physiciens est affirmative**. À force de parcourir le cube par le toucher, l'aveugle se forge une idée générale et abstraite du cube. Or celle-ci s'applique par définition à n'importe quel cube, qu'il soit vu ou touché. En voyant le cube pour la première fois, on peut donc s'attendre à ce que l'individu guéri de sa cécité reconnaisse le cube qu'on lui met sous les yeux, parce qu'il jugera d'après l'idée abstraite qui est en lui qu'il s'agit d'un cube. **L'idée abstraite permet de faire le lien entre l'espace du toucher et l'espace de la vue** ;

- **la réponse de Berkeley est négative**. Les informations tactiles et visuelles n'ont aucun point commun. **Il n'existe aucun rapport entre l'espace du toucher et l'espace de la vue**. Le monde de l'aveugle n'est pas le même que celui du voyant. Aucune idée abstraite ne permet à l'aveugle ayant retrouvé la vue de juger que l'objet qu'il aperçoit devant lui correspond au cube qu'il a appris à reconnaitre par le toucher. Seule l'expérience nous permet de connecter ce que nous voyons et ce que nous touchons, et d'apprendre ainsi que nous avons affaire à un même objet.

Ce que nous apprend la réponse de Berkeley, c'est que **l'homme ne connait de la réalité que ce qu'il en perçoit effectivement par ses sens**. Nos idées se forment toujours sur la base d'une expérience concrète : la forme du cube que nous touchons et la forme du cube que nous regardons sont des qualités sensibles qui n'ont rien de commun.

L'IMMATÉRIALISME

Fort de sa critique du langage abstrait et de la réhabilitation du sensible qu'elle autorise, Berkeley s'emploie à bâtir une métaphysique audacieuse : l'immatérialisme.

« Être, c'est être perçu »

Berkeley s'interroge sur ce qu'est la réalité : **que signifie « être » ?** La table « est » devant moi. Qu'entendons-nous par là ? Rien de plus que ceci : nous la percevons. Mais lorsque l'on sort de la pièce, on ne la perçoit plus : comment existe-t-elle alors ? Dans ce cas, nous convenons encore que la table existe parce que nous pourrions, nous ou un autre, la percevoir (citation 4).

En définitive, dans le mot « être », nous rencontrons toujours l'idée d'une perception au moins possible. Un être qui ne serait perceptible par personne, ni par la pensée ni par les sens, ne signifierait rien du tout. Que serait un être qu'on ne peut pas se représenter ? Lorsque nous disons qu'une chose est, nous supposons nécessairement qu'on en a une représentation sensible quelconque. En conséquence, selon Berkeley, « **être, c'est être perçu** ». Autrement dit, **tout ce qui existe n'existe qu'en tant qu'il est perçu**, y compris les qualités qu'on juge les plus objectives :

- une couleur qui ne serait pas vue, une saveur qui ne serait pas goutée, un son qui ne serait pas entendu ou encore un parfum qui ne serait pas senti n'auraient aucune existence. Ils n'existent qu'à partir du moment où un sujet les perçoit ;
- mieux : la forme d'un objet, l'espace qu'il remplit ou encore sa grandeur n'ont pas non plus d'existence s'ils ne sont pas perçus. Que serait une forme sans dureté, sans couleur, sans longueur particulière, ou un espace sans la moindre qualité sensible ? Rien. La « forme en soi » ou l'« espace en soi » sont des mots vides.

Ce faisant, à l'inverse de John Locke, Berkeley refuse de distinguer dans la réalité des « qualités secondes » qui, comme la saveur d'un fruit, dépendent de notre sensibilité, et des « qualités premières » qui, comme la forme de la table, nous paraissent, à tort, indépendantes de notre faculté de les percevoir. **Aucune réalité n'existe indépendamment d'un sujet qui la perçoit par les sens ou par la pensée**. Les choses n'existent réellement que si elles sont perçues.

Défaire l'illusion du matérialisme

L'adversaire principal que Berkeley pense vaincre de cette façon est le matérialiste, autrement dit celui qui ne reconnait d'existence qu'à la matière. En effet, selon le philosophe, comme on ne saurait concevoir de matière qui n'aurait aucune forme tangible ou aucune couleur visible, il va de soi qu'elle ne désigne rien d'autre qu'une réalité subjective. Dès lors, **la matière n'est rien en dehors d'un esprit qui la pense**. Il faut donc admettre qu'elle est **une chose toute spirituelle** : on ne rencontre la matière nulle part ailleurs que dans notre esprit qui la perçoit ou la conçoit (<u>citation 5</u>).

Si nous croyons volontiers qu'une matière existe indépendamment de nous, c'est que nous éprouvons le besoin de penser qu'une réalité extérieure cause nos idées et s'y représente. Mais on voit qu'une telle croyance pose davantage de problèmes qu'elle n'en résout. Comment des idées pourraient naitre de la matière qui, par définition, ne pense pas ?

À l'inverse, **en abandonnant l'obscure idée de matière, la philosophie et les sciences s'en trouvent considérablement clarifiées et simplifiées** :

- si tout est esprit, le problème de l'union de l'âme et du corps est dissipé ;

- l'idolâtrie de la matière et du corps propre à l'athéisme n'a plus lieu d'être ;
- enfin, le scepticisme, qui suppose l'existence hors de nous d'une nature que nous ne parvenons pas à atteindre, est éliminé.

La vie est-elle un songe ?

Il faut donc **conclure à l'immatérialité du réel**. Nos idées ne représentent rien en dehors d'elles-mêmes, elles sont la réalité elle-même. Les seules choses existantes sont les idées et les sensations auxquels nous avons affaire. **Nos perceptions sont les seules choses concrètes et réelles** : ce que nous percevons, cela seul est réel. Pour étrange que cette thèse puisse paraitre, elle s'accorde pourtant parfaitement avec le sens commun pour qui la réalité correspond à ce que nous sentons et percevons concrètement.

Mais il faut franchir un pas supplémentaire. **Si être, c'est être perçu, il faut qu'existent des esprits capables de percevoir.** Nous pouvons en découvrir au moins deux :

- **les hommes**. Chacun s'aperçoit qu'il pense et qu'il est capable de perception. Mais nous constatons très clairement que nous ne sommes pas la cause de toutes nos perceptions : en dehors des idées de notre imagination que nous pouvons modeler à notre gré, les choses s'imposent à nous et forment un univers ordonné et cohérent ;
- il faut donc qu'un esprit supérieur soit à l'origine de tout ce qui peut être perçu. Ce que les athées appellent à tort « matière », il faut, puisqu'il s'agit d'un esprit, l'appeler « **Dieu** » (<u>citation 6</u>). Toute chose existe parce que Dieu la

pense et en soutient l'existence par un acte constant de perception. **L'univers, l'ensemble de tous les êtres qui s'y trouvent, n'est rien d'autre que la pensée de Dieu** (<u>citation 7</u>).

Dans ces conditions, on pourrait se demander, avec certains commentateurs, ce qui distingue encore la réalité du monde d'un songe divin dont nous serions les personnages... En tout état de cause, l'immatérialisme de Berkeley constitue un exemple de rigueur argumentative et illustre à merveille que les idées les plus simples sont parfois les plus audacieuses, ou les plus extravagantes... Chacun jugera.

Berkeley s'oppose au rationalisme : les cartésiens ont placé toute leur confiance dans la raison, mais celle-ci est une construction verbale. Dès lors, ils risquent de prendre les mots pour les choses elles-mêmes. Le philosophe entend donc **prévenir les abus de langage**.

Plus précisément, il s'en prend à la croyance en l'existence d'idées abstraites : selon lui, il ne s'agit que de mots sans signification. Toutefois, **s'il n'existe pas d'idées abstraites, les idées générales sont en revanche bien réelles** : pour former une idée générale, il s'agit de concentrer notre attention sur certains caractères particuliers d'une chose, à l'exclusion de tous les autres.

Afin d'éviter les pièges de l'abstraction, Berkeley réaffirme **le primat du sensible**, qui seul **donne à nos pensées leur sens**. Mais qu'est-ce que le sensible ? Les physiciens proposent une théorie insoutenable car ils supposent, derrière ce que nous percevons (couleurs, textures, etc.), l'existence d'une réalité abstraite et imperceptible. Le philosophe affirme quant à lui que la réalité sensible n'est rien d'autre que ce que nous percevons effectivement par nos sens.

Par conséquent, « **être, c'est être perçu** » : les choses n'existent réellement que si elles sont perçues par un sujet. Cela implique que **la matière n'est rien en dehors d'un esprit qui la perçoit ou la pense** : elle est donc une réalité spirituelle, elle n'existe pas indépendamment de nous. Berkeley en conclut à l'**immatérialité du réel**.

Cependant, si être, c'est être perçu, il faut qu'existent des esprits capables de percevoir : les hommes et Dieu. **Toute chose existe parce que Dieu la pense** : l'univers n'est rien d'autre que la pensée de Dieu.

Votre avis nous intéresse !
Laissez un commentaire sur le site de votre librairie en ligne
et partagez vos coups de cœur sur les réseaux sociaux !

POUR ALLER PLUS LOIN

- ALQUIE (Ferdinand), Berkeley, in *Histoire de la philosophie*, tome 4, Paris, Hachette, 1999.
- BERKELEY (George), *Œuvres*, 3 tomes, Paris, PUF, 1985-1992.
- BERKELEY (George), *Principes de la connaissance humaine*, traduction de Dominique Berlioz, Paris, GF-Flammarion, 1991.
- BERKELEY (George), *Trois dialogues entre Hylas et Philonous*, traduction de Geneviève Bryckman et de Roselyne Dégremont, Paris, GF-Flammarion, 1998.
- BERLIOZ (Dominique), *Berkeley. Un nominalisme réaliste*, Paris, Vrin, 2002.
- BRYKMAN (Geneviève), *Berkeley et le voile des mots*, Paris, Vrin, 1993.
- DÉGREMONT (Roselyne), *Leçons sur la philosophie de George Berkeley*, Paris, Ellipses, 2013.
- GUEROULT (Martial), *Berkeley : quatre études sur la perception et sur Dieu*, Paris, Aubier-Montaigne, 1956.

TESTEZ VOS CONNAISSANCES !

ASSOCIEZ CHAQUE CITATION À L'EXPLICATION QUI LUI CORRESPOND

Citation 1 : « Nous n'avons qu'à tirer le voile des mots, afin de voir l'arbre le plus beau de la connaissance, le fruit duquel est excellent et à la portée de nos mains. » (Traité sur les principes de la connaissance humaine, in Œuvres, Paris, PUF, 1985-1992, p. 317)

Citation 2 : « Nous pouvons considérer Pierre en tant qu'homme ou en tant qu'animal, sans forger d'idée abstraite [...] et cela dans la mesure où l'on ne tient pas compte de tout ce qui est perçu. » (Traité sur les principes de la connaissance humaine, in Œuvres, Paris, PUF, 1985-1992, p. 310)

Citation 3 : « Ce serait donc mieux si les hommes abandonnaient la qualité occulte pour n'être attentifs qu'aux effets sensibles, et si l'esprit laissait de côté, quand il médite, les mots abstraits (quelle que soit leur utilité pour l'exposé), pour s'attacher aux choses particulières et concrètes, c'est-à-dire aux choses mêmes. » (Du Mouvement, in Œuvres, Paris, PUF, 1985-1992, p. 156)

Citation 4 : « Je dis que la table sur laquelle j'écris existe, c'est-à-dire que je la vois et la touche ; et, si je n'étais pas dans mon bureau, je dirais que cette table existe, ce par quoi j'entendrais que, si j'étais dans mon bureau, je pourrais la percevoir ; ou bien, que quelque autre esprit la perçoit actuellement. » (Traité sur les principes de la connaissance humaine, in Œuvres, Paris, PUF, 1985-1992, p. 320)

Citation 5 : « Que les choses que je vois de mes yeux et touche de mes mains existent, et existent réellement, c'est ce que je ne mets pas le moins du monde en question. La seule chose dont nous nions l'existence, c'est celle de ce que les philosophes appellent "matière" ou "substance corporelle". » (Traité sur les principes de la connaissance humaine, in Œuvres, Paris, PUF, 1985-1992, p. 336)

Citation 6 : « Lorsque j'ouvre mes yeux en plein jour, il n'est pas en mon pouvoir de choisir si oui ou non je verrai quelque chose. [...] les idées qui y sont imprimées ne sont pas les créatures de ma volonté ; il doit donc y avoir quelque autre volonté ou esprit qui les produit. » (Traité sur les principes de la connaissance humaine, in Œuvres, Paris, PUF, 1985-1992, p. 334)

Citation 7 : « [Dieu est] cet esprit suprême et sage dans lequel nous vivons, nous nous mouvons et nous avons notre être. » (Traité sur les principes de la connaissance humaine, in Œuvres, Paris, PUF, 1985-1992, p. 334)

Explication a : la philosophie et la science modernes s'encombrent de quantité d'idées obscures qu'il importe d'éclaircir (voire d'éliminer) à la lumière de la perception concrète des choses mêmes.

Explication b : nous disons « être » cela seul qui peut se percevoir ; autrement dit, n'existe que ce qui est ou peut être perçu par un esprit.

Explication c : la matière n'existe pas. Ce qui existe, ce sont diverses perceptions de grandeur, de distance, de position et autre, toujours subjectives et particulières.

Explication d : nous pouvons forger des idées générales sans en passer par l'abstraction des rationalistes, en concentrant notre attention sur certains caractères en particulier d'une chose, à l'exclusion de tous les autres.

Explication e : comme l'enseigne la malédiction de Babel, c'est le langage qui est la cause de l'ignorance et de l'incompréhension des hommes, non le sensible en lequel il faut au contraire avoir une pleine confiance.

Explication f : nous avons quantité de perceptions, mais nous n'en sommes pas la cause. Elles s'imposent à nous et ont leur origine hors de nous, dans un autre esprit, autrement dit en Dieu.

Explication g : le monde est une pensée et Dieu est le sujet qui la pense. Si Dieu ne s'efforçait pas de maintenir l'existence du monde par sa pensée, le monde s'anéantirait comme le rêve s'évanouit lorsque le réveil interrompt l'imagination du rêveur.

Explication h : l'abstraction vide nos idées au point que nous ne pensons en définitive plus rien : les idées abstraites ne sont que des mots vides de sens.

Explication i : penser, c'est autre chose qu'articuler habilement des mots entre eux : certaines de nos pensées se passent de mots et certains mots ne renferment aucune pensée.

Explication j : seul le sensible donne de la matière à nos pensées et du sens à nos idées.

Rendez-vous sur lepetitphilosophe.fr et découvrez :

Plus de 1200 analyses
Claires et synthétiques
Téléchargeables en 30 secondes
À imprimer chez soi

ISBN version numérique : 978-2-8062-4929-6
ISBN version papier : 978-2-8080-0117-5
Dépôt légal : D/2017/12603/501

Conception numérique : Primento,
le partenaire numérique des éditeurs.

Made in the USA
Monee, IL
07 July 2026